PORTRAITS

DES NATURALISTES,

AVEC

L'HISTOIRE

APOLOGÉTIQUE DE LEUR VIE.

A PARIS:

Chez BUC'HOZ, Directeur de cet Ouvrage, rue Haute-Feuille, N°. 28.

M. D C C. X C V.

L'AN Troisième de la République Française.

JOSEPH PIERRE BUC'HOZ.

*Né le 27. Janvier 1731. agé de 64. Ans 7 Mois, -
Medecin Naturaliste, le premier Auteur d'une Histoire
des trois Regnes de la France et d'une Histoire
universelle des Végétaux.*

JOSEPH PIERRE BUC'HOZ.

Né le 27. Janvier 1731. agé de 64. Ans 7 Mois, -
Medecin Naturaliste, le premier Auteur d'une Histoire
des trois Regnes de la France et d'une Histoire
universelle des Végétaux.

PORTRAITS
DES NATURALISTES,
AVEC L'HISTOIRE APOLOGÉTIQUE DE LÉUR VIE.

PORTRAIT DE J. P. BUC'HOZ.

AUTEUR DE CETTE HISTOIRE GÉNÉRALE ET ÉCONOMIQUE
DES TROIS RÈGNES.

Nous ne rapporterons pas ici l'histoire apologétique de notre vie, il ne nous convient pas de le faire ; nous indiquerons seulement quelques unes de nos Dissertations qui peuvent y servir de notice.

HISTOIRE GÉNÉRALE, ÉCONOMIQUE DES TROIS RÈGNES,
VOLUME PRÉLIMINAIRE.

1. Dissertation en forme de prospectus , sur la liaison qui se trouve entre les 3 règnes de la nature et sur l'utilité de l'histoire naturelle.

2. Dissertation en forme de catalogue , des ouvrages que Buc'hoz a publiés , qui ne sont plus en sa possession , et dont l'édition est épuisée depuis 1758 , jusqu'à 1789.

3. Dissertation sur les remèdes nouveaux et autres recemment usités , que Buc'hoz a publiés le premier.

4. Dissertation en forme de liste , des planches que Buc'hoz a publiées sur les plantes, et qui sont encore en sa possession.

5. Dissertation en forme de catalogue, des fossiles , fluors et mines , dont nous avons publié les planches gravées.

6. Ditsertation sur les travaux inmenses de Buc'hoz , sur le peu de recompenses qu'il a reçues, et sur les avantages qui en ont résulté à ses ennemis.

7. Dissertation en forme de catalogue , des planches du règne animal que nous avons publiées

8. Dissertation sur les différentes observations , que nous avons faites sur l'agriculture et l'économie champêtre , et sur les progrès de cet art , auquel nous avons taché de contribuer.

9. Dissertation en forme de catalogue , des ouvrages de Buc'hoz, Pour l'année 1791.

10. Dissertation sur les différentes anecdotes de Buc'hoz , qui en ont fait un vrai homme de douleur.

11. Dissertation en forme de catalogue raisonné et biographique des ouvrages publiés par Buc'hoz.

12. Dissertation sur les différentes observations que nous avons faites dans l'histoire naturelle , et sur les progrès de cette science, auxquels nous avons taché de contribuer.

13. Dissertation sur l'aristocratie botanique , et sur celle des différentes corporations , principalement des savans , médecins , et gens de lettres.

14. Dissertation en forme de catalogue des ouvrages d'histoire naturelle , de Buc'hoz , pour l'année 1792.

15. Dissertation en forme d'extrait, sur le traité historique des plantes de la Lorraine , et sur les avantages que la province peut tirer du règne végétal pour son commerce.

16. Dissertation sur l'analyse de l'Aldrovandus Lotharingiæ , et sur les

branches de commerce qui peuvent resulter pour la Lorraine , du règne animal.

17. Dissertation sur l'analyse du VALLERIUS LOTHARINGIÆ , et sur les branches de commerce qui peuvent résulter pour la Lorraine, du règne minéral.

18. Dissertation analytique sur le Dictionnaire des plantes , arbres et arbustes de la France, et sur les présens de Flore à la nation française.

19. Dissertation analytique sur le Dictionnaire vétérinaire et des animaux domestiques , sur le faune Français, et sur les autres ouvrages de Buc'hoz, qui ont rapport à l'économie domestique et animale.

20. Dissertation analytique sur le Dictionnaire minéralogique et hydrologique de la France.

21. Dissertation sur l'histoire générale du règne végétal et sur les catastrophes malheureuses de cet ouvrage.

22. Dissertation analytique sur l'hitoire générale et économique des 3 règnes de la nature , principalement sur l'histoire naturelle de l'homme , et sur les différens ouvrages de médecine et de matière alimentaire publiés par Buc'hoz.

23. Dissertation en forme de supplement à toutes les dissertations analytiques publiées par Buc'hoz, sur les différens ouvrages qu'il a mis au jour, et servant de résumé et de catalogue , suivant le format, de tous ceux tant rapportés dans cette dissertation que dans les précédentes.

24. Dissertation en forme de catalogue raisonné des livres composant la bibliothéque de Buc'hoz, avec le prix de la vente qui en à été faite.

25. Dissertation en forme de catalogue des ouvrages de Buc'hoz , pour l'année 1793.

26. Dissertation en forme de lettre sur la vie, les anecdotes et les travaux de Buc'hoz.

27. Dissertation sur la bibliothéque de l'auteur , formée uniquement des ouvrages de sa composition.

PARTIE I. T. I.

28. Dissertation sur les différentes anecdotes de l'auteur, servant de suite à celle qu'il a publiée précedemment.

29. Dissertation en forme de catalogue des ouvrages de l'auteur , pour l'année 1795.

PARTIE II. T. I.

30. Dissertation en forme de préface sur l'histoire naturelle et médicinale de l'homme.

31. Dissertation seconde et unique, en forme de catalogue des ouvrages de Buc'hoz , pour l'année 1795.

PARTIE III. T. I.

32. Dissertation en forme de préface , sur le règne animal et les six principales divisions de ce règne.

PARTIE IV. T. I.

33. Disssrtation en forme de préface et de prospectus, sur une nouvelle édition de l'histoire générale des plantes.

TOME III.

34. Dissertation des ouvrages de Buc'hoz, pour l'année 1794.

PARTIE V.

35. Dissertation en forme de préface, sur les fossiles.

PARTIE VI.

36. Dissertation en forme de préface , sur l'eau en général.

Toutes ces différentes Dissertations peuvent servir de renseignement à l'histoire de l'auteur, on y remarquera combien il a été traversé pendant toute sa vie. (1):

---

(1) Le 23 Prairial , l'an 3e de la République il a recupéré sa pension en son entier , par un decret général qui à relevé la decheance de tous les pensionnaires, déchus faute d'avoir présenté dans le temps un certificat de résidence prescrit par la loi.

FRANÇOIS NICOLAS MARQUET

Doyen des Medecins de Nancy, le Theophraste de la Lorraine, Né à Nancy en 1687, Mort dans la même Ville le 28 May 1759.

FRANÇOIS NICOLAS MARQUET

*Doyen des Medecins de Nancy, le Theophraste
de la Lorraine, Né à Nancy en 1687.
Mort dans la même Ville le 28 May
1759.*

PORTRAIT

DE

FRANÇOIS-NICOLAS MARQUET,

DOYEN DES MÉDECINS DE NANCY,

BEAU-PERE DE L'AUTEUR DE CETTE HISTOIRE GÉNÉRALE ET ÉCONOMIQUE DES TROIS RÈGNES.

Nous avons publié dans notre volume préliminaire une Dissertation en forme d'Éloge historique de M. Marquet, doyen du collége royal de médecine de Nancy. Voyez cette Dissertation. Nous allons actuellement en publier une autre, que nous avons faite paroître en 1769, dans la nouvelle édition de la MÉTHODE POUR CONNOITRE LE POULS PAR LA MUSIQUE, un volume in-12, chez P. F. Didot, il est conçu en ces termes :

» Le Sr François-Nicolas Marquet, docteur en médecine, ancien médecin ordinaire et botaniste de feu son Altesse Royale, médecin stipendié de l'hôtel-de-ville, conseiller et premier doyen du collège royal des médecins de Nancy, naquit en cette capitale en 1687, issu d'une famille honnête, mais peu aisée, et par conséquent peu capable de fournir à la dépense de ses études ; il a dû à sa conduite et à ses talens, le poste qu'il a occupé ».

» A peine s'est-il connu, qu'il s'est décidé pour la médecine ; il en prit la première teinture à Pont-à-Mousson, pendant près de deux ans qu'il y demeura ; de-là il partit pour Montpellier, où en qualité de précepteur, il fut chargé de l'éducation de la jeune noblesse, qu'il initia dans les principes de la langue latine, tandis qu'il suivoit lui-même avec exactitude, tous les cours de médecine, sans jamais y manquer ».

» Après avoir passé plusieurs années dans cette ville, il retourna dans sa patrie ; à son retour il employa les loisirs que lui laissoit sa pratique, à faire un recueil des plantes qui naissent en Lorraine ; il dédia ce recueil IN-FOLIO, à feu son Altesse royale, qui, pour lui donner des marques de sa bienveillance et de sa générosité, le gratifia d'un brevet de Médecin de sa cour, et d'une pension de deux cent livres ; elle le nomma aussi pour aller visiter une fois chaque année, le jardin-royal de la faculté de médecine de Pont-à-Mousson, pour lequel voyage elle lui assigna au-delà de sa pension, la somme de cent livres ».

» Le Sr. Marquet, pénétré de la reconnoissance la plus vive envers ses souverains et envers sa patrie, s'appliqua toujours de plus en plus, tant à la pratique de la médecine, dans laquelle il fut toujours heureux, qu'à la connoissance plus parfaite des plantes qui naissent dans cette province ; aussi ne tarda-t-il pas à être nommé de la part de ses souverains, pour veiller au soulagment des pauvres de la ville et de la campagne, ce qui lui valut une pension de quatre cent livres ».

» Il se distingua dans ce poste par son assiduité, par son application et ses travaux pendant près de vingt ans qu'il le géra et qu'il en porta seul le fardeau, jusqu'à ce qu'épuisé de fatigues, il fut obligé d'abandonner cette besogne à ses confreres, plus jeunes et plus vigoureux que lui. L'hôtel-de-ville de Nancy lui conserva tou-

A

jours une pension jusqu'à sa mort, par reconnoissance des services qu'il lui avoit rendus ».

» Malgré le nombre de malades qu'il étoit obligé de visiter pendant cet espace de temps, il ne négligea pas cette partie de la médecine, j'entends la botanique, pour laquelle il avoit toujours été si zélé. Il parcourut pendant près de trente-cinq ans, tous les coins et recoins de la Lorraine, pour y découvrir généralement toutes les plantes qu'elle produit ; il en fit une histoire beaucoup plus étendue que la première, qu'il rédigea en forme de dictionnaire ; elle est en trois volumes in-folio, munie d'approbations ; il a aussi laissé un abregé de ce dictionnaire, qu'il a renfermé dans un petit volume in-4°. le tout en manuscrit ».

» En 1747, il a donné au public un nouveau traité sur la méthode d'apprendre par les notes de la musique à connoître le pouls, il y a joint des planches en taille-douce, qu'il a pris soin de graver lui-même. Haller, Don-Calmet, Chevrier, en font l'éloge, de même que le journal de Trévoux, des savans, etc ».

» En 1750, il a mis au jour le premier volume de ses observations sur la guérison des maladies aiguës et chroniques, qu'il a traité ; le second volume est encore en manuscrit ».

» Nous avons aussi de lui, un mémoire qu'il a présenté à l'académie des sciences et belles-lettres de Nancy, au sujet d'une plante nommée par Tournefort, SEDUM MINUS ACRE, dont il a découvert les vertus miraculeuses ».

» En 1752, lors de l'établissement du collége royal des médecins de Nancy, il a été confirmé et maintenu dans sa qualité de doyen dudit collège, tant par sa majesté, que par la voix unanime de tous ses confreres, avec droit d'assister en qualité de conseiller né à toutes les délibérations dudit collége ; il a été par conséquent le premier doyen du collége royal depuis son érection. Le reste de sa vie, il l'a employé à composer une matiere médicale, et à rédiger méthodiquement la plûpart des formules qu'il employoit dans les maladies qu'il traitoit. Enfin, le 28 Mai de l'année 1759, il mourut de léthargie, après avoir été attaqué pendant plus de huit mois d'une maladie de langueur, de dissolution et d'épuisement, pendant lequel temps, il se résigna avec toute la soumission possible à la divine providance, ainsi qu'il a fait pendant tout le cours de sa vie ».